LE BUDGET

DE LA

VIGUERIE D'AIGUESMORTES

EN 1460

D'après le manuscrit original inédit

du viguier-châtelain.

PUBLIÉ ET PRÉCÉDÉ D'UNE NOTICE

PAR

LE COMTE E. DE BALINCOURT,

membre-résidant de l'Académie de Nimes.

NIMES

IMPRIMERIE CLAVEL ET CHASTANIER

12 — RUE PRADIER — 12

1886

LE BUDGET

DE LA

VIGUERIE D'AIGUESMORTES

en 1460.

LE BUDGET

DE LA

VIGUERIE D'AIGUESMORTES

EN 1460

D'après le manuscrit original inédit

du viguier-châtelain.

PUBLIÉ ET PRÉCÉDÉ D'UNE NOTICE

PAR

LE COMTE E. DE BALINCOURT,

membre-résidant de l'Académie de Nimes.

NIMES

IMPRIMERIE CLAVEL ET CHASTANIER

12 — RUE PRADIER — 12

1886

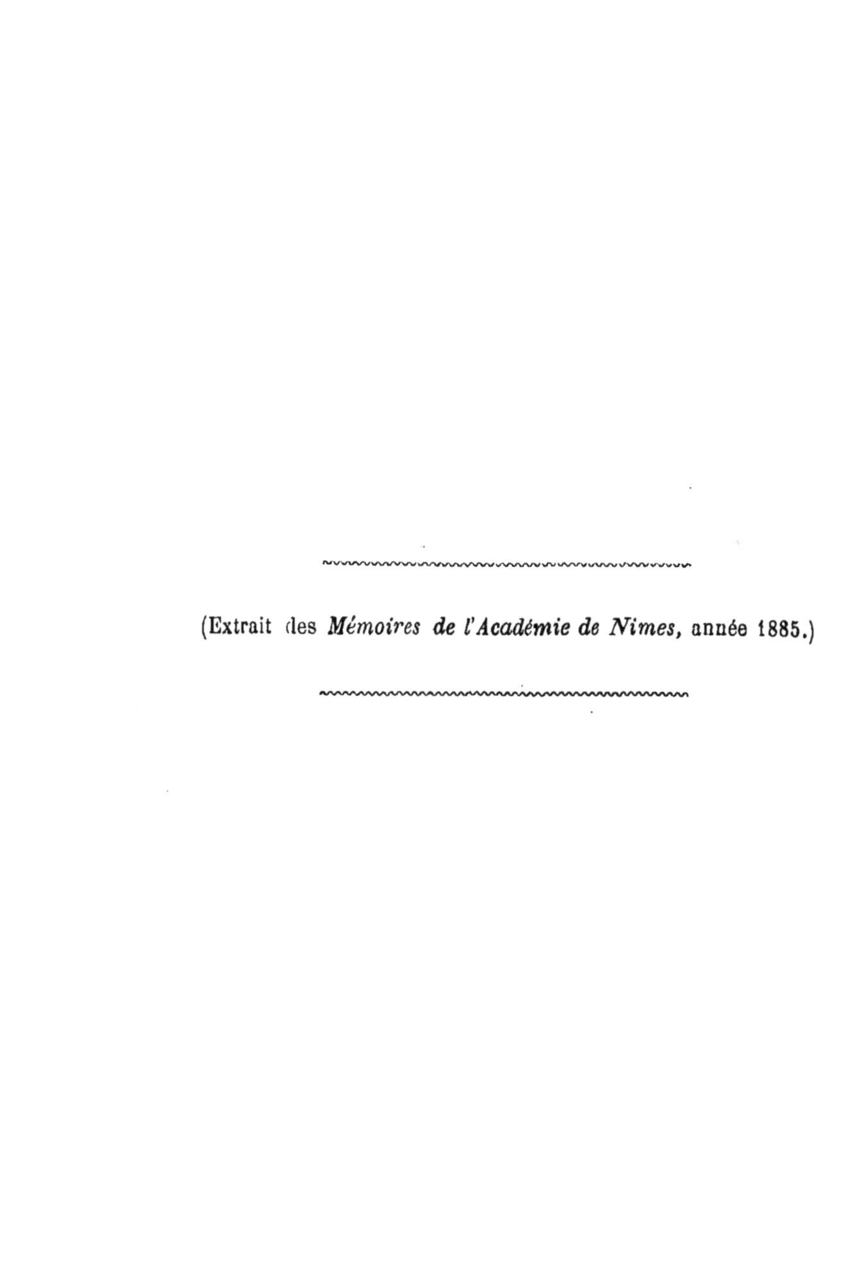

(Extrait des *Mémoires de l'Académie de Nimes,* année 1885.)

LE BUDGET

DE LA

VIGUERIE D'AIGUESMORTES

EN 1460

D'après le manuscrit original inédit

du viguier-châtelain

« Le compte de noble homme et seigneur Jean de Chambes, chevalier, seigneur de Montsoreau, premier maître d'hôtel de Notre Seigneur le Roi, châtelain et viguier d'Aiguesmortes, ou de sa recette et administration des dites châtellenie et viguerie, pour une année, commençant le jour de la fête de Saint-Jean-Baptiste 1460, et finissant à pareil jour, l'année révolue, en 1461. »

Tel est l'intitulé de l'important manuscrit dont nous donnons le texte latin, *in extenso,* à la fin de cette courte notice. Nous l'avons trouvé dans les archives seigneuriales de la baronnie de Vauvert et de la Maison de Génas, où sa présence s'explique par ce fait qu'un des barons, Jean Le Forestier, avait été précédemment investi de la capitainerie d'Aiguesmortes (1).

Jean de Chambes, son prédécesseur immédiat dans cette charge, fut un personnage marquant à la cour de Charles VII et des plus haut apparentés. Il avait épousé Jeanne de Chabot et en avait eu un fils marié à Jeanne de Laval et une fille, Nicole ou Colette, qui, veuve en 1469 de Louis d'Amboise, devint la maîtresse en titre de Charles de Guyenne, frère de Louis XI : elle est connue dans l'histoire sous le nom de la Dame de Montsoreau (2).

Ce châtelain, déjà en fonctions en 1445, époque à laquelle les consuls d'Aiguesmortes réclamèrent contre la concession qu'il avait obtenue de l'étang de la Marette, motiva de nouvelles plaintes en 1459. Il s'était adjugé la ferme des droits sur les marchandises, la plus importante de toutes. Charles VII dut lui faire restituer ce qu'il avait injustement perçu et le signaler à la vigilance du sénéchal de Nimes et de Beaucaire. Jean de Chambes mourut ou résigna sa charge en 1461, à la mort du roi qui la lui avait accordée. Jean Le Forestier le remplaça, grâce sans doute à l'entremise de la dame de Montsoreau, qui devait, trois ans après, lui fournir l'argent nécessaire à l'achat de la baronnie, si voisine de sa châtellenie.

Le compte du viguier d'Aiguesmortes est écrit lisiblement et avec un grand luxe de marges sur trois peaux de parchemin formant un cahier de six feuillets de format *in-folio*. Commencé le 24 juin 1460, l'exercice n'est

(1) Il est désigné en cette qualité dans tous les actes relatifs à l'achat de la baronnie en 1464.

(2) *Hist. généalogique du P. Anselme*, IV, 563. D'après M. Clamageran (*Hist. de l'impôt*), qui cite un don de 300 livres que lui fait Charles VII, en 1454, la dame de Montsoreau aurait été aussi la maîtresse de ce prince. N'y aurait-il pas là une erreur ?

pas clos, car la dernière recette est du 18 avril suivant et le scribe n'a pas totalisé ses chiffres et établi la balance. Il est vrai qu'il termine en mentionnant ses trois parchemins et son travail, estimés ensemble vingt sols tournois, et que cet article implique une idée finale.

Le chapitre des recettes comprend le produit des amendes, des droits de mutations, de péage et de transit, les fermes, censes et autres taxes qui ne laissaient pas d'apporter au trésor royal une somme assez ronde, malgré les privilèges exceptionnels accordés au début par saint Louis. Le chapitre des dépenses ne mentionne que les gages du châtelain, du juge et des hommes d'armes, les frais de justice et d'entretien. Dépenses et recettes nous fourniront des renseignements utiles au point de vue historique, et, comme on le verra, quelques détails curieux pour l'étude des mœurs.

L'article intitulé « De emendis », des amendes, nous transporte en pleine police correctionnelle du XVe siècle. A côté des délits ordinaires, dégâts dans une pinède, fraude des droits de leude et d'octroi, rixes, coup de poing magistral asséné par un rameur de galères sur le nez d'un camarade, nous signalerons un blasphémateur qui, ayant, en pleine audience, « offensé les oreilles des juges en jurant détestablement le nom de Dieu », s'entend condamner pour ce fait à soixante sols d'amende. On sait que le saint Roi avait édicté à cet endroit les peines les plus sévères, et qu'à la deuxième récidive le coupable avait la langue percée d'un fer rouge.

La femme d'un batelier, surprise en adultère, compose pour le prix de 43 sols, 9 deniers; faute de quoi, elle eût été condamnée, selon la Charte des Privilèges, à courir par les rues de la ville, avec son complice, dans un état complet de nudité (1).

(1) De adulteriis nulla fiat inquisitio, sed qui in ipsa turpitudine fue-

Un autre genre de délit assez inattendu attirera davantage notre attention à cause des conséquences que l'on peut en déduire. Nous voulons parler de cette industrie sans nom dont les progrès effrayants ont préoccupé tout récemment nos législateurs. Sept individus, désignés individuellement, sont condamnés à vingt ou quarante sols d'amende pour avoir vécu aux dépens d'autant de femmes de mauvaise vie, « quia de turpi questu vivebant ». Trois d'entr'eux, détenus pour récidive dans les prisons royales, s'en évadent après avoir brisé portes et verroux et causé pour 37 sols tournois de dégâts. Ces sept condamnations font supposer un nombre bien supérieur de délinquants et attestent que la prostitution avait pris à Aiguesmortes une certaine extension. Elle n'était due cependant, selon nous, ni à la population sédentaire qui ne fut jamais considérable, ni à la garnison, qui n'était alors que de trente-trois hommes, mais à cette autre population maritime sans cesse renouvelée, bruyante, dépensière, avide de plaisirs, qui, de tout temps, dans les ports de mer, engendre et subventionne la débauche.

Nous croyons encore trouver la preuve de ce nombre restreint d'habitants dans le faible rendement des droits de lods, censes et mutations. Cinq immeubles seulement se sont vendus dans l'année, quatre maisons et une vigne, aux prix misérables de douze, vingt et soixante livres ; ils ont produit au trésor 6^{l} 15^{s} 9^{d}. Six personnes ont payé le droit d'accapit ou premier hommage ; dix-sept ont versé, pour le cens annuel, 18^{l} 17^{s} 5^{d}. En y ajoutant la somme plus importante perçue sur les fermiers des terres et maisons appartenant en propre au roi et des salines de Peccais, on arrive, pour tout

runt deprehensi, vel concordent cum nostra curia, vel publice, sine fustigatione, currant nudi.

l'impôt direct et foncier environ à 105 livres ou 1.858 francs de notre monnaie (1). En outre, le marc d'argent que l'on payait pour acquérir le droit de bourgeoisie n'a rien produit : les privilèges de la cité n'ont tenté personne cette année-là.

Les autres recettes sont autrement considérables. Certaines, et des plus intéressantes, ne sont indiquées que pour mémoire, sans que le montant en soit donné : l'impôt des six deniers par livre, levé tant à Montpellier qu'à Aiguesmortes, sur les toiles sortant du port de cette ville, parce qu'il ressortissait à la comptabilité d'un commissaire spécial résidant à Montpellier ; celui d'un denier levé à Aiguesmortes seulement et consacré à l'entretien de son port, parce que le lieutenant du Maître des ports avait seul à en répondre (2).

Le droit de rêve ou traite foraine, impôt de transit perçu sur toutes sortes de marchandises dans les ports de la sénéchaussée et contre lequel les États de la province avaient vainement réclamé en 1456, était affermé pour trois ans pour 7.260[l] (136.000 fr.). Or, comme il était de quatre deniers par livre, il suppose un mouve-

(1) Nous avons adopté pour la valeur comparative de la livre tournois celle que lui donne M. di Pietro, dans son *Histoire d'Aiguesmortes*, 27 fr. 70. D'après M. Clamageran (*Hist. de l'impôt en France*), elle valait 7 fr. 88 et 57 fr. valeur absolue ; d'après Bally (*Hist. des Finances*), 27 fr. 34, et quelques années plus tard, 42 fr. 20. Le lecteur peut faire un choix ou prendre une moyenne. Remarquons que le prix alloué pour la nourriture des prisonniers et les frais de geôle, « pro expensis oris et custodia », était de quinze deniers par jour ou 1 fr. 12, selon notre système. Ce chiffre nous paraît malheureusement trop élevé pour une époque où l'on croyait devoir rappeler sérieusement que le régime de la prison ne devait pas entraîner fatalement la mort du prisonnier : « sit carcer talis qui non sit ad exterminium personæ. » (Charte des Privilèges.)

(2) Le lieutenant du Maître des ports présidait le « siège de la Foraine », tribunal connaissant de la perception des fermes du roi et relevant de la cour des Aides de Montpellier.

ment de trois millions par an de notre monnaie. Cette somme considérable ne figure pas dans le compte parce qu'elle avait été concédée par le roi à la reine son épouse.

Ainsi donc voilà, en 1460, un impôt de six deniers sur les toiles, un autre de quatre sur la valeur de toutes les marchandises de la sénéchaussée, un troisième, dit du *Clavaire*, pour l'entretien du port ; et cependant, en 1436, Charles VII, maintenant le denier de saint Louis et celui du roi Jean, avait déclaré solennellement qu'il n'en serait pas levé davantage.

Citons encore « la boîte des Italiens, » taxe au nom bizarre sur les étrangers, affermée 407 livres, et dont le montant était versé à la trésorerie de Nimes ; l'impôt sur les juifs réduit à néant, « parce qu'il n'y en avait pas dans le pays », ce qui s'explique naturellement par l'édit du 17 septembre 1394, qui les avait bannis définitivement du royaume ; le revenu de la trésorerie royale affermé 660 livres et la charge du notaire ordinaire des concessions et des enquêtes. Le roi s'était réservé ses droits sur les moulins, les fours et les pêcheries. Le four de la viguerie rapporte 49^{l} 10^{s}; le *vingtain* des poissons, 39^{l} ; la pêcherie de la Roubine neuve dite le *Brugidour*, 45^{l} (1) ; celle de la vieille Roubine, 44 sols seulement.

Je signale, en terminant ce chapitre, deux autres infractions aux privilèges de la ville. Les habitants étaient exempts de leudes et la perception en est cependant affermée pour 13^{l} ; ils se croyaient en possession du droit de chasse, droit confirmé encore par Charles VII, et la chasse aux lapins est concédée pour neuf ans au prix de 135 livres.

La deuxième partie du manuscrit est consacrée aux

(1) Actuellement le Bourgidou.

dépenses. En tête figurent les gages du viguier, qu était appointé comme châtelain d'Aiguesmortes et comme capitaine de la Tour Carbonnière. Pour le premier emploi il touche 120^{l}, pour le second et pour ses deux serviteurs, payés à raison de 17 deniers par jour, 79^{l} 16^{s} 7^{d}, ensemble 200 livres (3.540 fr.).

La garnison se composait de dix-sept hommes d'armes pour la Tour de Constance et de seize pour la garde des tours et portes de la ville, à raison de 17 deniers par jour (1) ; ensemble, pour les trente-trois hommes, 878^{l} 4^{s} 2^{d}. Remarquons que cette allocation n'était que de deux deniers supérieure à celle des prisonniers et ne soyons pas trop surpris des prélèvements de toute sorte et à main armée que les soldats s'arrogent sur les denrées des habitants, sans compter le droit de prendre part aux élections consulaires qu'ils réclament et qu'ils abandonnent avec une indifférence qui tient peut-être à la profession, en échange de la certitude que leur maigre solde leur sera dorénavant régulièrement payée.

La cour royale n'est représentée au budget que par maître Guillaume Bessonnier, licencié ès-lois, juge des *rectories* de Montpellier, Sommières et Aiguesmortes, aux gages de cent livres, qu'il percevait par tiers dans chacune de ces résidences.

Les frais de justice sont assez considérables et, de plus, assez curieux pour que nous croyions devoir entrer dans quelques détails.

Le nommé Jacques Cusant, d'Arlenc, accusé de brigandage sur la route, a été conduit des prisons de Lunel à celles d'Aiguesmortes, et condamné par la cour à deux ans de bannissement. Il a été payé pour

(1) *Les Mémoires de l'Académie* (année 1883) publient une quittance originale des gages de ces seize gardiens, à la date du 7 décembre 1451.

cette affaire : à Guido Rossel, notaire et greffier de la ville, pour être allé réclamer l'accusé à Lunel, deux vacations de 15 sols; au geôlier de Lunel, pour la nourriture du même, du 20 avril au 9 juin, le tarif adopté, 15 deniers par jour; aux sergents d'armes qui l'ont conduit, vingt sols; au geôlier d'Aiguesmortes, pour cent et un jours de nourriture et de garde, 6 livres, 6 sols, 3 deniers; enfin, au susdit Rossel, pour l'information, le procès et l'instrument de la sentence, 15 sols. En tout : 11^{l} 6^{s} 2^{d} (200 fr.).

Martin Vierier, convaincu de meurtre, se réfugie dans l'église de Notre-Dame-du-Sablon. Le droit d'asile est respecté, mais le coupable est gardé pendant trois jours et trois nuits par deux hommes commis à cet effet par le viguier, auxquels il est payé 1^{l} 13^{s} 9^{d}. Le résultat de cette faction dut être illusoire, car il n'est plus question d'arrestation ni de jugement.

La troisième affaire est une exécution capitale. Le crime rentrait dans une catégorie assez rare pour que le procès ait passé, même à l'époque, pour une curiosité. Et de fait, l'annotation qui figure au revers du manuscrit et rappelle l'étrange procédure, aura contribué à sa conservation plus que tout ce qu'il contient d'intéressant sur le budget d'Aiguesmortes.

La législation du moyen âge appliquait aux crimes contre nature la terrible sentence du Lévitique : « L'homme périra avec la bête. » (1). Cette disposition subsista dans nos codes jusqu'à la Révolution. Jousse, dans son *Traité de la justice criminelle*, en cite plusieurs exemples ; le dernier est du 12 octobre 1741. Le parlement de Paris confirme la sentence du sénéchal de Poitiers, dans un cas semblable à celui que nous allons raconter.

(1) Qui cum jumento et pecore coierit morte moriatur : pecus quoque occidete, Lévit. XX, 15.

Le nommé Etienne Mongin, « natif de Metz en Lorraine », convaincu sur ce chef « quia participavit cum quadam asina », ne resta que dix-sept jours en prison préventive. Il fut payé, pour sa nourriture, au geôlier, 21[s] 3[d] ; à maître Martial Dauphin, notaire, pour l'instruction, le procès et la sentence, 30 sols ; à maître Jacques Thiésame, de Montpellier, exécuteur des hautes-œuvres, pour l'exécution de la sentence et pour avoir pendu une ânesse avec le dit condamné, 4[l] 10[s], prix convenu ; à Jean Fournier, pour une échelle appliquée contre le gibet, 20 sols ; à Bertrand André, pêcheur, pour une poutre de sapin servant d'étai, 20 sols ; à quatre charpentiers de la ville, pour avoir monté l'instrument de supplice, 30 sols ; aux deux hommes d'armes qui ont conduit le condamné de la prison au lieu d'exécution, 15 sols ; et enfin à Tibéride de Almacio, d'Aimargues, pour une ânesse pendue au gibet, *parce que celle qui avait été la victime de Mangin était morte pendant l'information*, 2[l] 13[s] 6[d]. Ce dernier trait est d'un comique achevé et peint bien le caractère de l'époque. On comprend que la loi ait voulu ajouter l'ignominie à la sévérité du châtiment ; mais, dans l'espèce, on a peine à garder son sérieux devant cette littérale interprétation (1).

(1) Il faut se rendre compte des motifs qui ont déterminé Moïse à édicter des peines si sévères contre tous les actes restrictifs de l'accroissement de la population. Les Hindous les punissaient de même et pour les mêmes raisons. Dès la plus haute antiquité nous voyons — par une sorte de contradiction — d'une part, le mépris de la vie humaine qui fait de la mort la sanction de toute loi ; de l'autre, chez tous ces peuples en voie de formation, le besoin de s'imposer par le nombre aux nations rivales, d'où la nécessité de réagir énergiquement contre les abus monstrueux qui ne se généralisaient que trop. (Exemple : Sodome et Gomorrhe). Le christianisme a fait dans la loi ancienne la part de l'hygiène et celle de la morale, et l'Église a frappé de ses peines spirituelles les plus graves tout ce qui porte atteinte au but et à la

Le chapitre des dépenses se termine par les frais généraux relatifs aux salines, les vacations du contrôleur de la sénéchaussée, Etienne Fabre ; du procureur du roi, Claude Gaude ; de l'avocat du roi, Etienne Valette, et du notaire royal, Etienne Borian, venus de conserve de Nimes à Peccais, vérifier le septain du trésor (1). Par la même occasion, ils devaient informer au sujet de l'usurpation présumée de l'abbé de Psalmodi sur la pêcherie du Brugidour. Puis les dégâts commis dans les prisons et le luminaire de Notre-Dame-du-Sablon, montant à cinquante sols par an, cause fréquente de discussions entre le viguier, le clergé et le conseil de la ville.

En résumé, les recettes s'élèvent à 1.072^{l} 13^{s}, les dépenses à 1.166^{l} 5^{s} 5^{d}, et le budget de messire Jean de Chambes et de sa viguerie reste en déficit de 93^{l} 12^{s} 5^{d}, soit 1.657 fr. 15. Ce résultat était prévu, puisque nous avons vu que les gros revenus étaient versés à d'autres caisses. Reste à savoir si le passif était reporté à l'année suivante, ce qui n'est pas probable, puisque le présent compte ne porte pas trace de celui de l'année précédente, ou s'il était compensé par les fonctionnaires qui se payaient sur les habitants, ce qui nous semble plus conforme aux traditions de l'époque.

sainteté du mariage. Les législateurs laïques, s'inspirant avec raison de ces principes dès l'origine, n'avaient pas tenu compte de l'adoucissement progressif des mœurs et s'étaient transmis de siècle en siècle les pénalités barbares du premier âge, par un respect mal entendu de l'autorité supérieure qui les avait édictées.

(1) Les seigneurs d'Uzès avaient cédé au roi, avec leurs salines, leur droit de suzerains, soit le septième de la récolte.

COMPOTUS (1) *nobilis viri, domini Johannis de Jambis* (2), *militis, domini de Montsorello* (3), *primi magistri hospicii domini nostri Regis, castellani et vicarii Aquarum mortuarum, videlicet de receptis et administratis* (4) *per eum ad causam dictarum Castellanie et vicarie pro uno anno incepto in festo beatis Johannis Baptiste millesimo CCCC*[mo] *lx*[o], *finito consimili festo, anno revoluto, millesimo CCCC*[mo] *lxj*.

Recepta de emendis et primo :

A Martino Joly, habitatore dicte ville, lenone (5), quia post prohibitiones factas per curiam dicti loci ne se reperiret sub eodem coperto loco (6) cum Alaissa Coinne, fuit cum ea repertus, composuit ad..... xl[st].

A Bartholomeo de Repalla de Villafranca, ad causam pernicii (7) commissi de et super venditionem certe quantitatis barillorum de sardinis (8) et etiam quia fraudare volebat jus leude (9), composuit ad.... xl[st].

(1) *Compotus*, compte.

(2) *De Jambis*, de Chambes. Voir la notice.

(3) *Montesorellum*, Montsoreau. Ce fief fut cédé en 1450 par Louis Chabot II, à son beau-frère Jean de Chambes.

(4) Sous-entendu *rebus*.

(5) *Leno*, souteneur, pour ne pas employer la traduction plus énergique de Ducange.

(6) Sous le même toit, en cohabitation.

(7) Dommage.

(8) Barils de sardines.

(9) Le droit de leude, taxe correspondant à nos octrois, droit de vendre sur la voie publique, etc.

A Jordano Mongetī, habitatore Aquarum mortuarum, quia de turpi questu (1) Johanette de Cera de Gebenis (2), vivebat, composuit ad.......... xxxl[st].

A Stephano Vaudimont, lenone, quia de turpi questu Johanne Badouine vivebat, composuit ad....... xx[st].

A Alphonso de Castillia, etiam lenone, quia de turpi questu Katerine Carbonnelle de Divione vivebat, composuit ad.............................. xl[st].

A Anthonia, uxore Mathei Vierii, barquo (3) dicte ville, reperta in adulterio cum Johanne Simonis, de Maxilia (4), composuit ad............... xliij[t] ix[dt].

A Johanne Guiraudi, laboratore, habitatore dicte ville, quia sine licentia curie regie dicte ville, intravit pinettam Molli (5) et in eadem certam quantitatem pinetarum sidit (6) et pro premissis, actenta paupertate (7), composuit ad......................... x[st].

A Johanne Roche, habitatore dicte ville, pro simili causa, composuit ad......................... x[st].

A Guiraudo Nigri, gallioto vacabundo (8), quia per-

(1) *De turpi questu*, du gain honteux, de la prostitution.
(2) *De Gebenis*, des Cevennes.
(3) *Barquo*, doit se lire *barquerii*, batelier.
(4) *De Maxilia*, de Marseille.
(5) *Pinetta Molli*, la Pinède du Mol.
(6) *Sidit* pour *scidit*, couper.
(7) Et pour ces motifs, vu sa pauvreté.
(8) Galérien vagabond.

cussit Hapolonem, etiam galliotum galle e serrate (1), cum pugno supra nasum taliter quod sanguis emanavit, composuit ad........................ 7s 6dt.

A Hapeloni, gallioto, pro simili causa, composuit ad.................................... 7s 6dt.

A Ranfrido Consilii dicte ville, quia judicialiter, in curia dicte ville, judicum aures offendendo, Dei nomen detestabiliter juravit, fuit condempnatus ad.... lxst.

A Alonsio, de Castilia, quia verberavit Gailhardetum Minioti, sartorem dicte ville, composuit ad...... xlst.

De Laudimiis (2), de quibus percipiuntur xij den. turon. pro libra ab habitatoribus dicte ville et a forensibus ij solid. tur. pro libra.

A Petro Texerii, pro laudimio hospicii quod fuit Poncii Bourelli sciti in clausura dicte ville in carreria (3) Conventus Fratrorum Minorum, confrontati cum honore (4) Petri Boni, per eum acquisiti die ultima junii, millemo ccccmo lix, precio xxilt. Ascendit laudimium xjst.

A Johanne de Lourme, pro laudimio cujusdam hospicii, per eum acquisiti a domino Fulcone Marini, sciti in clausura Aquarum mortuarum in carreria portalis

(1) *Gallea serrata*, gallée fermée, embarcation légère, pontée. L'expression de vagabond appliquée à Guiraud Nègre signifie probablement, par opposition, rameur de galère non engagé.

(2) *Laudimium.* Droit dû au seigneur ou au roi sur les ventes d'un domaine de leur mouvance.

(3) En languedocien, *carrière*, rue.

(4) Fief, propriété.

scti Anthonii, confrontati cum honore heredum Anthonii de Marsano, empti precio viginti unius librarum et quindecim solid. turon. die vj mensis aprilis, anno millesimo cccc sexagesimo.................... xj^{s} ix^{dt}.

A Guillermo Dourmes, pro laudimio cujusdam mansi (1) per eum empti a Johanne de Platea, sciti in carreria turris Constancie, confrontati cum honore dicti Dourmes, sibi laudati (2) die vicesima quarta mensis decembris anno Domini mcccc^{mo} lx^{o}, ad rationem (3) xij^{lt}. Ascendit laudimium.................... xijst.

A Jacobo Duranti, pro laudimio cujusdam pecie vinee (4) per eum empte a Johanne Bureti, scite in territorio dicti loci, loco vocato La Merle, confrontate cum itinere quo itur versus silvam pinette, laudate die penultima mensis februarii, anno Domini m^{o} ccccclx, ad rationem sex librarum turn. Ascendit laudimium..... 6st.

A Guillermo Dourmes, pro laudimio tercie partis hospicii quod fuit Vany de Johanne dicte ville, et scitatur totum dictum hospicium in carreria recta portalis Arlesii, confrontatur que cum honore Johannis de Platea, per eum acquisiti a Castellano de Johanne, precio lx^{lt}, laudati que ad rationem predictam die xviij aprilis, anno mcccc^{mo} lx^{mo}. Ascendit laudimium... iij^{lt}.

De emolumento (5) marcarum argenti burge (6)

(1) *Mas*, maison de campagne.

(2) *Laudare*, concéder, dans le sens féodal.

(3) A raison de.

(4) Quartier de vigne.

(5) *Emolumentum*, revenu.

(6) *Burge*, abréviation de *burgesie*. Le droit de bourgeoisie s'achetait un marc d'argent à Aiguesmortes.

Aquarum mortuarum, nihil, anno presenti, quia nullum fuit emolumentum.

De pedagio Anglacii (1), nichil pro simili causa.

De furno vaccarie (2) affirmato pro anno presenti Guillermo du Charne, precio............ xlix[lt] xix[st].

De piscaria Peccaytii (3), nichil quia non fuit emolumentum.

De emolumento sex den. turon. pro libra, qui levantur tam in Aquis mortuis quam in Montepesulano (4), de tellis per portum Aquarum mortuarum exeuntibus, ultra unius den. turon. levari ordinatum pro clavario (5), videlicet de dicto emolumento in Montepessulano levari ordinato nichil, quia commissarius ibi de dicto emolumento respondere tenetur.

De dicto emolumento levato in portu Aquarum mortuarum nichil, quia locumtenens (6) magistri portuum percipit et de eodem inferius per ejus compotum, capitulo de officio magistratus portuum, respondere tenetur.

(1) Le péage d'Anglas.

(2) *Vaccaria*, champ où l'on fait paître les vaches, le Pré-aux-Vaches.

(3) La pêcherie des salines et marais de Peccais.

(4) Montpellier.

(5) *Clavaire*, trésorier, *clavaria*, trésorerie. La communauté d'Aiguesmortes avait un clavaire ; le roi également. L'impôt d'un denier s'appelait l'impôt du clavaire.

(6) Le lieutenant du maître des ports ; il présidait le siège de la Foraine, tribunal de finances, connaissant de la perception des fermes du roi et relevant de la Cour des Aides de Montpellier.

De vinteno (1) piscium dicti loci affirmato, pro anno presenti, Rolando Georgii, precio..... xix^{l} ix^{s} $j^{d\ petit\ t}$.

De herbagiis Peccaytii affirmatis, pro anno presenti, Raymondo Nigri, precio................ $xlij^{l}$, ij^{s} x^{dt}.

De solda (2) territorii Peccaytii affirmata, pro anno presenti, Pascaletto Poncii, precio............. x^{st}.

De censibus in denariis domorum et terrarum domini nostri Regis, computatis censibus de Peccaytio.......................... $lxxiiij^{l}$ x^{s} x^{d}.

De centum sol. turon. acquisitis a Guillelmo Ruffi, quem censum nunc serviunt heredes Francisci Laurencii pro quodam hospicio scito in Aquis mortuis, pro anno presenti.......................... c^{st}.

De censu v^{st} acquisito a Petro Ferraudi, pro anno presenti, per dictum compotum................ v^{st}.

De venatione cunniculorum affirmata pro novem annis finiendis ad sanctum Johannem $mille^{mo}$ ccclxix, precio pro toto $cxxxv^{lt}$ Johanne Aymerici, pro anno presenti primo dictorum novem annorum...... xv^{st}.

De censu Johannis Cornouaille, nichil quia non reperitur.

De emolumento clavarie Aquarum mortuarum affirmato pro anno presenti Bernardo de Vallibus, precio................................ $vi^{c}lx^{lt}$.

De piscarie robine regie nove vocate le Brugidour (3)

(1) Le *vingtain*, taxe du vingtième sur le produit de la pêche.

(2) *Solda*, cantine.

(3) Aujourd'hui le Bourgidou.

affirmato pro anno presenti Stephano Regnerii, precio.......................... xliij^{l} xij^{s} 10^{d} $^{obole\ t}$.

De piscaria robine antique affirmata pro anno presenti Johanni Giberti, precio.............. vliiijst.

De decem sextariis (1) et duobus sexdenis (2) ordei censualibus acquisitis a Priore Malarum pellium (3), vendito sextario iij^{s} 1^{d} obole turn., ascendit xxxj^{s} viij^{dt}.

De notaria ordinaria et inquestarum dicte curie una cum notaria cessionum (4) et burgesie Aquarum mortuarum, affirmata, pro anno presenti, Raymundo Nigri, precio............................ xxxvj^{l} xi^{s} ix^{dt}.

De emolumento molendinorum venti et marine datorum ad accapitum Jacobo Ferrandi condam (5) sub censu annuo decem libr. tur., quem censum nunc serviunt heredes dicti Jacobi, pro anno presenti.... x^{lt}.

De bannis (6) territorii dicti loci affirmatis pro anno presenti, Odoardo de Vardiis, precio........... xist.

De rebus advenis :
De legatis, nichil quia non fuit emolumentum.

De notaria cessionum dicti loci nichil, quia supra res-

(1) *Sextarius*, sétier. Il est difficile d'évaluer cette mesure de capacité, qui a considérablement varié suivant les époques.

(2) *Sizain*, le sixième du sétier.

(3) Le prieur de Malespelles.

(4) L'étude de notaire où se passaient les actes de concessions de droits ou de territoires.

(5) Jadis, quand vivait.

(6) *Bannum*, criée, ban relatif aux récoltes. *Bannerii*, les fonctionnaires préposés à la garde de ces récoltes, nos gardes champêtres. Voir la charte des privilèges.

pondetur de eadem cum notaria ordinaria et inquestarum dicti loci.

De Accapitis, videlicet.

A Johanne de Lourme, piscatore, pro intrata novi accapiti (1) duarum carteriatarum (2) sabulonis scitarum in territorio Pinette Molli (3), confrontatarum cum dicta Pinetta et cum honore ipsius de Lourme per eum accaptatarum die decima mensis augusti, anno m° iiij^co^ lx^mo^ sub intrata.................... x^st^.

A Blasio Folcrandi pro intrata novi accapiti sex carteriatarum sabulonis scitarum ad pouchiam (4) de Malmatin, confrontatarum cum robina Viturli (5) et cum stagno Marette (6) accaptatarum die decima sexta augusti, anno domini m° cccc^mo^ lx^mo^ sub intrata. xxx^st^.

A Johanne de Lourme pro intrata novi accapiti cujusdam platee vaccantis supra litus robine veteris, apte ad ediffìcandam cabanam (7), confrontate cum honore heredum Laurencii Montisfrini, accaptate per eum die decima decembris anno m° cccc^mo^ lx sub intrata.................................. v^st^.

A Johanne Guiraudi pro intrata novi accapiti quinque carteriatarum sabulonis scitarum in territorio nuncupato La Merle, confrontatarum cum honore Michaelis Burle et cum honore Michaelis Tinturii per eum

(1) *Novum accapitum.* Droit perçu pour l'hommage fait par le premier possesseur du bien concédé.

(2) *Carteirade*, mesure agraire valant 30 ares.

(3) La Pinède du Mol ou du Môle.

(4) La pointe de Malmatin ; en roman *Pounche.*

(5) Le Vidourle, petit cours d'eau.

(6) L'étang de la Marette.

(7) Cabane.

accaptatarum die nona mensis februarii, anno m° cccc^{mo} lx^{mo}, sub intrata........................... xxvst.

A Guillermo Dourmes pro intrata novi accapiti quatuor carteriatarum sabulonis scitarum in itinere Peccaytii, confrontatarum cum dicto itinere et cum honore ipsius Dourmes accaptantis, per earum accaptatarum die xviij° mensis aprilis, anno domini m° cccc^{mo} lxj^{mo}, sub intrata................................ xst.

A Blasio Folcrande, piscatore, pro intrata cujusdam platee vaccantis supra litus robine Viturli, apte ad edifficandam in eadem cabanam, confrontate cum stagno et cum cabana Johannis Fornerii, itinere in medio, per ipsum accaptate die decima octava mensis aprilis, anno m° cccc° lxj°, sub intrata................ xvst.

De censu vst acquisito a Jacobo Ferrandi, macellario (1), pro quodam piscatorio (2) scito prope pontem portalis scti Anthonii, pro anno presenti........ vst.

De censu cst acquisito a Guiraudo Burgesii, quem censum nunc servient heredes dicti Burgesii, pro anno presenti................................... cst.

De sigillo curie dicti loci affirmato, pro anno presenti, Guillermo Domini, precio.............. xj^{l} xiij^{s} j^{dt}.

De vst censualibus acquisitis a magistro Petro Pastoris, notario, pro quadam botiqua (3) scita ante plateam publicam dicti loci, pro anno presenti.......... vst.

(1) *Macellarius*, boucher.

(2) *Piscatorium*, poissonnerie, établissement pour vendre du poisson.

(3) Boutique, magasin, officine. Les notaires l'employaient dans le sens actuel d'étude.

De xviij^{dt} censualibus acquisitis a dicto magistro Petro, pro quadam alia botiqua scita ante plateam publicam dicti loci, pro anno presenti....... xviij^{dt}.

De penis et preconiationibus (1) nichil quia de eisdem est assuetum computari cum emendis.

De pane recuperato (2) nichil, quia non fuit emolumentum.

De tutelis, curis et decretis nichil propter privilegia.

De fructibus vinee Poncii de Bissometo, nichil quia translata est in sabulone.

De bannis turlerie (3) nihil, quia non fuit emolumentum.

De staqua (4) robine pro qua debentur xij den. tur. pro quolibet navigio, nihil, quia levatur una cum uno den. tur. levari ordinato pro reparatione portus dicti loci.

De emolumento barragii (5) Carbonerie affirmato pro anno presenti Johanni Le Mynris, precio....... xx^{lt}.

De reva (6) seu inpositione iiij den. tur. pro libra qui levantur de rebus, seu mercantiis per portus Senescal-

(1) Publications.

(2) *Panis recuperatus*. Le pain retrouvé, restitué. Nous ne trouvons pas l'explication certaine de cette taxe. Serait-ce la nourriture des prisonniers remboursée par eux à leur libération ?

(3) *Turleria*, sorte de fortification, d'après D. Carpentier.

(4) *Staqua*, poteau, estaque, estacade. Droit d'attache pour les embarcations.

(5) Le barrage de la tour Carbonnière.

(6) La rêve, droit de transit. Voir la notice.

lie (1) Belliquadri et Nemausi, affirmata pro tribus annis finiendis ad sctum Johannem millemo cccc lxij Laurencio Servelly, precio pro toto vijm ijc lxlt, de quibus nihil, quia emolumentum predictum fuit per dominum nostrum Regem datum et concessum Domine Regine ejus consorti, causis et racionibus in precedentibus compotis contentis.

De decimis causancium (2) et burgesie nihil, quia non fuit emolumentum.

De emolumento boyte (3) Italicorum affirmato pro tribus annis finiendis ad Sctum Johannem mo cccc lxij Johanni Garini, precio pro toto iiijc vijlt. Ascendit pro anno presenti, secundo dictorum trium annorum cxxxvl xiijs iiijdt, de quibus nihil nic, quia solvuntur in thesauraria regia Nemausensi.

De censu xxvst acquisito a Frederico de Epadis pro quadam levata (4) scita in Peccaytio, pro anno presenti.................................... xxvst.

De censu xxst acquisito a Jacobo Franci pro quadam alia levata scita in Peccaytio, pro anno presenti.................................... xxst.

De censu lst acquisito a domino Guillo Ayrosi, Jacobo Consilii et Petro Gancelini, uxorio nomine, pro quodam hermo scito prope salinam des Estèques, pro anno presenti.................................... lst.

(1) La sénéchaussée de Beaucaire et de Nimes.

(2) Impôt sur les plaideurs.

(3) *Boyte italicorum.* La boite des Italiens ou des Lombards, taxe sur les commerçants étrangers.

(4) Levée, digue, actuellement, en languedocien, *levade*.

De censu xx^st acquisito a Bartholomeo Consilii pro quadam camera scita in Aquis mortuis prope domum ponderis regii (1) ad accapitum sibi data, pro anno presenti.................................. xx^st.

De emolumento leude dicti loci affirmato, pro anno presenti, Rolando Georgii precio............. xiij^lt.

De emolumento piscarie stagni Regis affirmato pro dicto anno Rolando Georgii precio.............. x^lt.

De emolumento cessionum portus Aquaram mortuarum, affirmato pro tribus annis finiendis ad Sctum Johannem mille cccc^mo lxij Guillermo Dominici precio pro toto lxx^l viij^st, nihil hic, quia fit per compotum portus dicti loci.

De censu xxx^st acquisito a Petro Nicolay pro hospicio scti Anthonii pro anno presenti.............. xxx^st.

De notis (2) notariorum deffunctorum nichil, quia nullum fuit emolumentum.

De tributo Judeorum nichil, quia non morantur in patria (3).

De censu ij^dt acquisito a Petro Sandeoli pro media carteriata sabulonis ad accapitum sibi data sub dicto censu, pro anno presenti..................... ij^dt.

De censu v^st acquisito a Johanne Salleles pro quodam

(1) Le poids du Roi. Le roi s'était réservé ce droit de surveillance et les revenus qu'il produisait.

(2) Les minutes des notaires décédés. Droit que payaient les acquéreurs des charges vacantes.

(3) *Patria*, la région, le pays.

sotulo (1) levate Rodani (2) mortui ad accapitum sibi concesso sub dicto censu, pro anno presenti..... v^{st}.

De censu v^{st} acquisito a Raymundo Bonifacii et Guillermo Tirade pro quodam alio sotulo dicte levate, pro anno presenti.............................. v^{st}.

De censu iij^{dt} acquisito a Bernardo de Furno pro quadam platea sabulonis scita retro turrim Constancie pro anno presenti.............................. iij^{dt}.

De censu quinque solid. turn. acquisito ab Alaissia, uxore magistri Stephani Bontonnie condam pro quadam parte domus in qua solebat fieri botigia lanorum in dicto loco Aquarum mortuarum pro anno presenti.................................... v^{st}.

Expense hujus compoti.

Et primo :

Dicto domino Johannis de Jambis, militi, castellano et vicario Aquarum mortuarum, percipienti per annum pro suis vadiis vj^{xxlt}, pro eodem et pro presenti anno.................................. vj^{xxlt}.

Eodem Castellano turris Carbonerie, pro se et duobus famulis sibi adjunctis ad vadia xvij ob. dt. pro quolibet per diem facientium per annum, pro uno quoque $xxvj^{l}$ xij^{s} ij^{d} ob^{t} et pro omnibus lxxix^{l} xvj^{s} vij^{d} ^{obt} pro eodem hic........................ lxxix^{l} xvj^{s} vij^{dt}.

(1) *Sotulus levatæ.* Le terrain en contrebas d'une levée.

(2) Le Rhône mort.

xvij servientes (1) magne turris Constancie Aquarum mortuarum ad similia vadia xvij$^{d\ obt}$ pro quolibet per diem facientium per annum pro uno quoque xxvj^{l} xij^{s} ij$^{d\ obt}$ et pro omnibus iiij^{c} lij^{l} vij^{s} vij^{d} pro eodem hic.............................. iiij^{c} lij^{l} vij^{s} vij^{dt}.

xvj servientes turrium et portalium dicte ville Aquarum mortuarum ad similia vadia xvij$^{d\ obt}$ per diem, pro quolibet facientium per annum, pro uno quoque xxvj^{l} xii^{s} ij$^{d\ obt}$ pro omnibus iiij^{c} xxv^{l} xvj^{s} vij^{dt}. pro eodem hic...................... iiij^{c} xxv^{l} xvj^{s} vij^{dt}.

Et pro domino Guillermo Bessonerii, in legibus licentiato, judici rectorie Montispessulani, Sumedrii (2) et Aquarum mortuarum, ad vadia c^{lt} per annum, equis partibus exsolvendis in dictis tribus sedibus, pro eodem et pro anno presenti ac pro dicta sede Aquarum mortuarum............................ xxx^{l} vj^{s} viij^{dt}.

Pro malefactoribus.

Magistro Guidoni Roselli, notario et scribe (3) curie ordinarie dicte ville qui, mandato dicti vicarii et castellani Aquarum mortuarum accessit apud locum de Lunello novo (4) pro requirendo remissionem fieri per officiarios dicti Lunelli novi de personna Jacobi Cussant, loci de Arlenc (5), intitulati in curia dicte ville Aquarum mortuarum tanquam agressoris itinerum et

(1) *Serviens*, sergent d'armes.
(2) *Sumedrium*, Sommières.
(3) Greffier.
(4) Lunel neuf.
(5) Arlenques (Gard).

horum pretextii in carceribus dicti Lunelli detenti, pro duobus diebus quibus circa hic vacavit ad rationem quindecim solid. turn. per diem et sic pro dictis duobus diebus.................................. xxxst.

Johanni Fuelle, servienti subviguiero (1) ac custodi carcerum dicti Lunelli novi pro expensis dicti Jacobi Cussant factis in carceribus dicti Lunelli a die vicesima mensis Aprilis usque ad diem nonam mensis junii ad rationem xv^{dt} per diem, pro toto............. xxvst.

Robino Burgini, servienti subviguerio et custodi carcerum regiorum dicte ville, pro expensis oris (2) et custodia personne dicti Jacobi Cuseni (Cussant) factis a die nona mensis maii usque ad diem decimam nonam mensis julii in quibus comprehendentur centum et unus dies ad racionem quindecim den. turon. per diem.............................. vj^{l} vj^{s} iij^{dt}.

Magistro Guidoni Roselli, notario et scribe curie Inquestarum dicte ville, pro informationibus, processu et instrumento sententie factis et latis in dicta curia contra dictum Jacobum Cusani qui, suis causantibus demeritis (3), a villa et tota vicaria Aquarum mortuarum banitus et relegatus ad tempus duorum annorum, fuit exsoluta summa quindecim solid. turon..... xvst.

Stephanus Mongini, oriendus (4) civitatis de Metz in Lotorringia (*sic*) (5), convictus de crimine participa-

(1) Sous-viguier.

(2) *Expensa oris*. Dépenses de bouche.

(3) En raison de ses méfaits.

(4) *Oriundus*, originaire, natif.

(5) Metz en Lorraine.

tionis (1) contra naturam, quia cum quadam asina participavit, fuit, suis exhigentibus demeritis (2), condempnatus ad subeundam mortem naturalem, pro expensis per eum factis in carceribus dicte ville Aquarum mortuarum in quibus stetit spacio decem et septem dierum ad racionem quindecim den. turon. per diem, fuit Robino Burgini carcellario dicte ville exsoluta summa........................ xxj[s] iij[dt].

Magistro Marciali Delphini, notario et confirmario (3) curie Inquestarum dicte ville, qui informationes, processum et instrumentum sententie late contra dictum Stephanum Mongini sumpsit, fuit exsoluta summa................................ xxx[st].

Magistro Jacobo Thiesame, habitatori Montispessulani, exsequtori alte justicie, pro demandando (4) exsequcionis sententiam latam contra dictum Stephanum Mongini et pro suspendendo quamdam asinam cum eodem condempnato, ex precio cum eo convento, fuit exsoluta summa........................ iiij[l] x[st].

Johanni Fornerii, habitatore dicte ville, pro quadam scalla applicata patibulo dicte ville, fuit exsoluta summa................................... xx[st].

Bertrando Andree, piscatori, habitatori dicte ville, pro quadam trabe sappis apposita dicto patibulo, fuit exsoluta summa........................ xx[st].

(1) *Participare*, avoir des relations (Ducange).

(2) Ses méfaits l'exigeant.

(3) *Notarius confirmarius*, notaire greffier, contresignant les sentences. *Testis confirmator*, témoin attestant par écrit.

(4) *Demandare*, exécuter une chose ordonnée.

Petro Lebrati, Petro Petit, Noe de Cymar et Petro Hideux, fusteriis (1), habitatoribus dicte ville Aquarum mortuarum, pro aptando patibulum dicte ville et apponendo dicto patibulo certas fustes necessarias, fuit exsoluta summa.......................... xv[st].

Stephano Petri et Germano Cayer, servientibus, qui associaverunt et duxerunt dictum Stephanum Mongini a carceribus regiis dicte ville usque ad patibulum, pro eorum laboribus et pena fuit exsoluta summa... xv[st].

Tiberidi de Almacio, loci Armasianicorum (2), pro precio unius asine suspense dicto patibulo cum dicto Stephano Mongini, eo quia asina cum qua dictus Mongini participaverat fuit reperta mortua ante exsequtionem dicte sentencie, pro quaquidem asina fuit exsoluta summa........................... ij[l] xiij[s] vj[dt].

Ynardus Le Pastre, oriundus de Aquis in Provincia (3), intitulatus de lenocinio (4), fuit, suis causantibus demeritis (5), una cum Stephano Dalegin et Jacobo Le Fevre, suis complicibus, detentus in carceribus regiis dicte ville spacio decem et septem dierum et violatis per eos dictis carceribus, fractis que portis ligneis et pallastragiis (6) ferreis, a dictis carceribus auffugerunt, pro expensis per ipsos delatos in dictis carceribus factis, ad rationem quindecim den. turon. per diem, fuit exsoluta summa............................. v[l] i[s] 3[dt].

(1) Charpentiers, menuisiers.

(2) Aimargues.

(3) Aix-en-Provence.

(4) *Lenocinium*, métier de souteneur.

(5) A cause de ses méfaits.

(6) En vieux français, *pallestrages*, verroux, barres de fer pour assujétir les portes.

Petro Duranti, Johanni Bonvarlet et Stephano Egidii, piscatoribus, habitatoribus Aquarum mortuarum, deputatis per locum tenentem (1) dicti vicarii ad custodiendum Martinum Viernii, qui, ad causam homicidii per eum commissi in personnan Michaelis Chay, se constituerat in immunitate (2) ecclesie beate Marie de Sabulone (3) dicte ville et pro tribus diebus et noctibus quibus circa hec vaccaverunt, ad rationem trium solid. et novem den. pro quolibet per diem et noctem, fuit exsoluta summa.................... i[l] xiii[s] ix[dt].

Pro expensis communibus, videlicet:

Magistro Stephano Fabri, contrarotulatori (4) recepte, ordinarie presentis Senescallie, pro suis pena et expensis accedendo de Nemauso apud Aquas mortuas in societate dominorum advocati et procuratoris regii dicti Senescallie pro advaluationem et librationem (5) faciendo de septeno (6) salis dicto domino nostro Regi provento ex salinis Peccaytii de annis domini millesimo iiij lvij[o] et octavo, circa quod vacavit in consorcio quorum supra sex diebus, fuit exsoluta summa... vj[lt].

Domino Stephano Vallette, advocato dicti domini nostri Regis in dicta Senescallia, pro consimili causa et etiam pro faciendo certas informationes super usurpa-

(1) Lieutenant.

(2) Privilège, sauvegarde, droit d'asile.

(3) Notre-Dame-du-Sablon.

(4) Contrôleur.

(5) Délivrance, distribution.

(6) Le septain. Droit du septième de la valeur du sel. Droit de champart que s'étaient réservé les seigneurs d'Uzès, possesseurs des salines et qu'ils avaient transmis au Roi en les lui cédant.

cione (*sic*), que dicebatur fieri per dominum abbatem et conventum monasterii sancti Petri Psalmodii (1), de piscatura robine regie nuncumpate Le Brugidour, pro suis laboribus et pena fuit exsoluta summa..... vj[lt].

Magistro Glaudio Gaude, procuratore regio in dicta Senescallia, pro simili causa, qui ad hoc fuit destinatus per curiam presidalem (2) domini Senescalli predicte Senescallie, pro suis laboribus et pena fuit exsoluta summa.................................. iiij[lt].

Magistro Stephano Boriani, notario regio Nemausensi, pro accedendo in Aquis mortuis in societate dictorum dominorum advocati, controrotulatoris et procuratoris, pro describendo acta librationis dicti salis et informationem predictorum fuit exsoluta summa. ij[lt].

Pro reparationibus.

Pro refficiendo paumellas (3) et vectes (4) porte turris Vacquerie (5) et carcerum dicte ville fractas et violenter in terram prostratas per Ynardum Le Pastre, Stephanum Dalgini et Jacobum Le Fèvre, lenones, fuit exsoluta summa Johanni Imberti, fabri, de Aquis mortuis...................................... xxxvij[st].

Pro nunciis missis nihil.

(1) Abbaye de Psalmodi.

(2) La cour du présidial du sénéchal de Beaucaire et Nimes.

(3) Paumelles. Traverses de fer maintenant les portes en largeur et se terminant par la boucle qui reçoit les gonds.

(4) Verrous.

(5) Pour *vaccarie*, pâture des vaches.

Pro expensis communibus, videlicet :

Luminarii (1) capelle Aquarum mortuarum percipientis per annum.............................. Ist.

Pro pergamenis presentium compotorum descriptorum ter.................................... xxst.

(1) Le *luminaire*, l'éclairage de l'église.

Nimes. — Typ. Clavel & Chastanier, rue Pradier, 12.

www.ingramcontent.com/pod-product-compliance
Ingram Content Group UK Ltd.
Pitfield, Milton Keynes, MK11 3LW, UK
UKHW020437220726
13923UKWH00005B/2188

9 782019 302399